Yo AJ,
we did it.

You are the
<u>Kh</u>orshíd to my máh
Setáreye <u>kh</u>o<u>sh</u>ba<u>kh</u>te maní

The Persian Alphabet

We want to simplify your Persian learning journey as it is such a unique & enigmatic language. There are 32 official Persian letters. The letters change form depending on their position in a word or when they appear separate from other letters. For example, the letter ghayn غ has four ways of being written depending on where it appears in any given word:

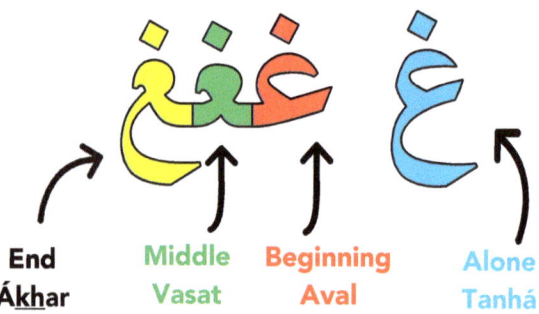

End
Ákhar

Middle
Vasat

Beginning
Aval

Alone
Tanhá

It is important to note that Persian books are read from right to left (←). There are 7 separate/stand-alone letters that do not connect in the same way to adjacent letters (these will be depicted in blue). They are:

Stand alone
Tanhá vámístan

The short vowels a, e & o are usually omitted in literature and are depicted by markings above & below letters (ـَ). They are not allocated a letter name, unlike their long vowel counterparts á: alef, í: ye & ú: váv (و ی آ).

Englisi	Farsi		Englisi	Farsi		Englisi	Farsi
A a	اَ ۘ		M m	م ممم mím		Y y	ی ییی ye
Á á	آ اا 'alef		N n	ن ننن nún		Z z	ذ ذذ zál
B b	ب ببب Be		O o	اُ ۘ		Z z	ز زز ze
D d	د دد dál		P p	پ پپپ pe		Z z	ض ضضض zád
E e	اِ ۘ		Q q	ق ققق qáf		Z z	ظ ظظظ zá
F f	ف ففف fe		R r	ر رر re		Ch ch	چ چچچ che
G g	گ گگگ gáf		S s	س سسس sin		Gh gh	غ غغغ ghayn
H h	ه ههه he		S s	ص صصص sád		Kh kh	خ خخخ khe
H h	ح ححح he		S s	ث ثثث se		Sh sh	ش ششش shín
Í í	ی ییی ye		T t	ت تتت te		Zh zh	ژ ژژ zhe
J j	ج ججج jim		T t	ط ططط tá		'	ع ععع ayn
K k	ک ککک káf		Ú ú	و وو váv			
L l	ل لل lám		V v	و وو váv			

Letter Guide©

End Ákhar / Middle Vasat / Beginning Aval / Alone Tanhá

Pronunciation Guide©

Persian	English	Pronunciation
اَ	a	**a**nt
آ	á	**a**rm
ب	b	**b**at
د	d	**d**og
اِ	e	**e**nd
ف	f	**f**un
گ	g	**g**o
ه	h	**h**at
ح	h	**h**at
ی	í	m**ee**t
ج	j	**j**et
ک	k	**k**ey
ل	l	**l**ove
م	m	**m**e
ن	n	**n**ap
اُ	o	**o**n
پ	p	**p**at
ق	q/gh*	me**r**ci
ر	r	**r**un
س	s	**s**un
ص	s	**s**un
ث	s	**s**un

Persian	English	Pronunciation
ت	t	**t**op
ط	t	**t**op
و	ú	m**oo**n
و	v	**v**an
ی	y	**y**es
ذ	z	**z**oo
ز	z	**z**oo
ض	z	**z**oo
ظ	z	**z**oo
چ	ch	**ch**air
غ	gh*	me**r**ci
خ	kh*	ba**ch**
ش	sh	**sh**are
ژ	zh	plea**s**ure
ع	ʼ	uh-oh†

*	: guttural sound from back of throat
†	: glottal stop, breathing pause
ّ	: Indicates a double letter
ً	: Indicates the letter n sound
لا	: Indicates combination of letter l & á (lá)
ای	: Indicates the long í sound (ee in m**ee**t)
اِیـ	: Indicates the long í sound (ee in m**ee**t)
(…)	: Indicates colloquial use

Hello

Dorúd

دُرود

(salám)

ú: as (oo) in m<u>oo</u>n
á: as (a) in <u>a</u>rm

Welcome

Khosh ámadí

خوش آمَدی

á: as (a) in arm
í: as (ee) in meet

How are you?

Hále shomá chetoreh?

حالِ شُما چِطورِه؟

(<u>Ch</u>etor<u>í</u>?)

á: as (a) in <u>a</u>rm
í: as (ee) in m<u>ee</u>t

I am well

Man hálam kh<u>ú</u>beh

مَن حالَم خوبِه

ú: as (oo) in m<u>oo</u>n

What is your name?

Esme <u>sh</u>omá <u>ch</u>íeh?

اِسمِ شُما چِیِه؟

(Esmet <u>ch</u>íeh?)

á: as (a) in <u>a</u>rm
í: as (ee) in m<u>ee</u>t

My name is ...

Esme man ... hast

اِسِم مَن ... هَست

Where are you?

Shomá kojá hastí?
شُما کُجا هَستی؟
(Kojáí?)

á: as (a) in <u>a</u>rm
í: as (ee) in m<u>ee</u>t

I miss you

Delam barát tang s̲h̲odeh

دِلَم بَرات تَنگ شُدِه

á: as (a) in a̲rm

[Direct Translation: My stomach/heart is tight for you]

Thank you

Sepás

سِپاس

(Mersí/Mamnún)

ú: as (oo) in m<u>oo</u>n
í: as (ee) in m<u>ee</u>t

Come Here

Bíá ínjá

بيا اِينجا

í: as (ee) in m<u>ee</u>t
á: as (a) in <u>a</u>rm

Well done

Áfarín

آفَرین

(Báríkalláh)

á: as (a) in <u>a</u>rm
í: as (ee) in m<u>ee</u>t

I am sorry/excuse me

Bebakhshíd

بِبَخْشید

í: as (ee) in m<u>ee</u>t

Let's have a nap

Bía yeh chort bezaním

بیا یِه چُرت بِزَنیم

í: as (ee) in meet

Good morning

Sobh bekheyr

صُبح بِخیر

Good night

Shab bekheyr
شَب بِخِیر

Here you go

Befarmáyíd

بِفَرمایید

á: as (a) in <u>a</u>rm
í: as (ee) in m<u>ee</u>t

Happy birthday

Tavalodet mobárak

تَوَلُدِت مُبارَک

á: as (a) in arm

Look!

Negáh kon!
نِگَاه کُن

á: as (a) in arm

Listen

Gúsh kon
گوش کُن
(Gúsh bedeh)

ú: as (oo) in m<u>oo</u>n

[Direct Translation: Give me your ear]

Wait/Stop

Sabr kon

صَبر کُن

(Váísá)

á: as (a) in arm
í: as (ee) in meet

Let's wash our hands

Bíá dastemún rá be<u>sh</u>úyím

بیا دَستِمون را بِشوییم

í: as (ee) in m<u>ee</u>t
á: as (a) in <u>a</u>rm
ú: as (oo) in m<u>oo</u>n

Let's read a book

Bíá ketáb be<u>kh</u>úním

بیا کِتاب بِخونیم

í: as (ee) in m<u>ee</u>t
á: as (a) in <u>a</u>rm
ú: as (oo) in m<u>oo</u>n

Let's go shopping

Bíá berím kharíd

بیا بِریم خَرید

í: as (ee) in m<u>ee</u>t
á: as (a) in <u>a</u>rm

Let's have a bath

Bíá berím hamám

بيا بِريم حَمام

í: as (ee) in m<u>ee</u>t
á: as (a) in <u>a</u>rm

Let's take a photo

Bíá a'ks begírím

بیا عَکس بِگَیریم

í: as (ee) in m<u>ee</u>t
á: as (a) in <u>a</u>rm

Let's cook food

Bíá g̲h̲azá bepazím

بیا غَذا بِپَزیم

í: as (ee) in m<u>ee</u>t
á: as (a) in <u>a</u>rm

Let's put on our clothes

Bíá lebás bepús͟hím

بیا لِباس بِپوشیم

í: as (ee) in m<u>ee</u>t
á: as (a) in <u>a</u>rm
ú: as (oo) in m<u>oo</u>n

Let's open the door

Bíá dar rá báz koním

بیا دَر را باز کُنیم

í: as (ee) in m<u>ee</u>t
á: as (a) in <u>a</u>rm

Please chew your food

Lotfan ghazáto bejo

لُطفاً غَذاتو بِجو

○̈:   Indicates the 'n' sound
á: as (a) in arm

Please put it back where it belongs

Lotfan bezár sare jásh

لُطفاً بِذار سَرِ جاش

◌̈: Indicates the 'n' sound
á: as (a) in <u>a</u>rm

Give me a kiss

Yeh bús bedeh

پِه بوس بِدِه

ú: as (oo) in m<u>oo</u>n

It was delicious

Chasbíd

í: as (ee) in m<u>ee</u>t

[Direct translation: it stuck to me]

I love you so much

Kheylí zíád dústet dáram

خِیلی زیاد دوستِت دارَم

í: as (ee) in m<u>ee</u>t
á: as (a) in <u>a</u>rm
ú: as (oo) in m<u>oo</u>n

I love you so much

Jígareto bo<u>kh</u>oram

í: as (ee) in m<u>ee</u>t

[Direct translation: I want to eat your liver]

Goodbye

Khodá háfez

á: as (a) in arm

[Direct translation: May God keep you safe/protect you]

Useful words for families

English	Finglisi™	Persian
thirsty	teshneh	تِشنِه
hungry	gorosneh	گُرُسنِه
tired	khasteh	خَستِه
pee	jísh	جیش
urine	edrár	اِدرار
poo	an	اَن
faeces	madfo'	مَدفوع
shower	dúsh	دوش
happy	khoshhál	خوشحال
sad	ghamgín	غَمگین
angry	a'sabání	عَصَبانی
go	boro	بُرو
come	biá	بیا
nappy	pushak	پوشَک
English	Englísí	اِنگلیسی
Persian	Fársí	فارسی

www.ingramcontent.com/pod-product-compliance
Lightning Source LLC
Chambersburg PA
CBHW061135010526
44107CB00068B/2943